좀비 바이러스 연구

백명식 글·그림

강화에서 태어나 서양화를 전공했고, 출판사 편집장을 지냈습니다. 어린이들이 좋아하는 책을 쓰고 그릴 때 가장 행복합니다. 그린 책으로는 《몬스터 치과병원(전 4권)》《자연을 먹어요(전 4권)》《WHAT 왓? 자연과학편(전 10권)》 시리즈, 《책 읽는 도깨비》 등이 있으며, 쓰고 그린 책으로는 《돼지 학교(전 40권)》《인체과학 그림책(전 5권)》《맛깔나는 책(전 7권)》《저학년 스팀 스쿨(전 5권)》《명탐정 꼬치의 생태 과학(전 5권)》 시리즈 등이 있습니다. 소년한국일보 우수도서 일러스트상, 소년한국일보 출판부문 기획상, 중앙광고대상, 서울 일러스트상을 받았습니다.

안광석 감수

바이러스 박사님 안광석 교수님은 1985년 서울대학교 사범대학 생물교육과를 졸업하고 미국 일리노이 대학교에서 1994년에 박사학위를 받았어요. 박사 후 과정을 연구하는 동안 미국 샌디에고 스크립스 연구소에서 바이러스 면역학을 공부하였어요. 1997년에는 고려대학교 생명과학부 교수를 거쳤고 2004년 이후 현재까지 서울대학교 자연과학대학 생명과학부에서 바이러스 면역학을 연구하면서 헤르페스바이러스, 에이즈 바이러스와 관련된 60여 편의 국제 연구 논문을 발표하였어요.

좀비 바이러스 연구 2 바이러스 전쟁

백명식 글·그림 | 안광석 감수

1판 1쇄 인쇄 2021년 3월 15일 | 1판 1쇄 발행 2021년 3월 21일 | 펴낸이 정중모 | 펴낸곳 파랑새
등록 1988년 1월 21일(제406-2000-000202호) | 주소 경기도 파주시 회동길 152 | 전화 031-955-0670 | 팩스 031-955-0661
홈페이지 www.bbchild.co.kr | 전자우편 bbchild@yolimwon.com | ISBN 978-89-6155-925-6 74470, 978-89-6155-923-2(세트)

ⓒ백명식, 2021

· 책값은 뒤표지에 있습니다.
· 저작자와 출판사의 허락 없이 이 책의 일부 또는 전체를 인용하거나 발췌하는 것을 금합니다.

어린이제품안전특별법에 의한 제품 표시
제조자명 파랑새 | 제조년월 2021년 3월 | 제조국 대한민국 | 사용연령 6세 이상

좀비 바이러스 연구

2 바이러스 전쟁

백명식 글·그림 | 안광석 감수

파랑새

코로나 바이러스를 왜 코로나 바이러스라고 부를까요?
생김새가 태양의 대기인 코로나처럼 생겼기 때문이래요.
어떤 사람들은 왕관처럼 생겼다고 생각해서 코로나
바이러스라고도 불러요.
최근에 나타난 COVID-19도 코로나 바이러스의 한 종류입니다.

코로나 바이러스는 아주 오래전부터 존재했지만,
인간에게 처음 발견된 것은 1930년대였어요.
미국의 의료진이 전염성 기관지염에 걸린 닭에서
코로나 바이러스를 발견했지요.
이때부터 개, 돼지, 조류 등에도
코로나 바이러스가 살 수 있다는 것을 알게 됐어요.

코로나 바이러스는 살아남기 위해 유전자 변이를 일으킨 후 사람에게 전염되어 질병을 일으켜요. 사스는 박쥐나 사향 고양이로부터, 메르스는 박쥐나 낙타로부터 왔다고 알려져

있어요. 최근 세계적으로 유행한 COVID-19는 *숙주가 박쥐나 천산갑이라고 추측하지만, 아직 완전하게 밝혀지지는 않았어요.

*숙주: 다른 생물을 기생시켜, 영양을 공급하는 동물 또는 식물

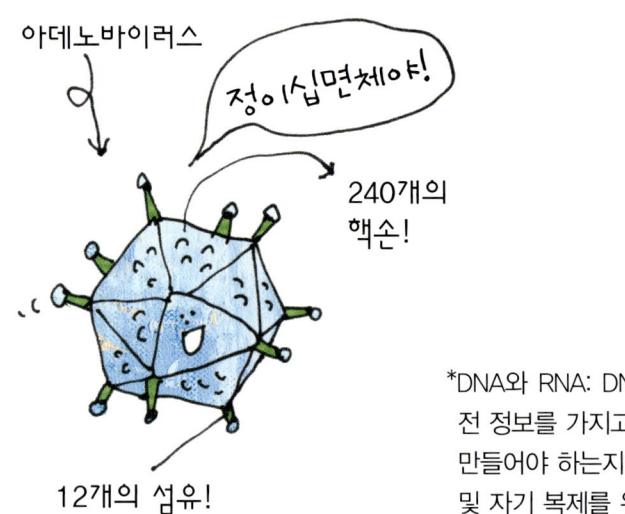

*DNA와 RNA: DNA는 사람마다 다 다른 고유의 유전 정보를 가지고 있어요. 유전 정보는 어떤 세포를 만들어야 하는지에 대한 정보 즉, 생물의 생명 유지 및 자기 복제를 위하여 필요한 모든 정보예요. 이러한 정보를 전달하는 물질이 바로 RNA랍니다.

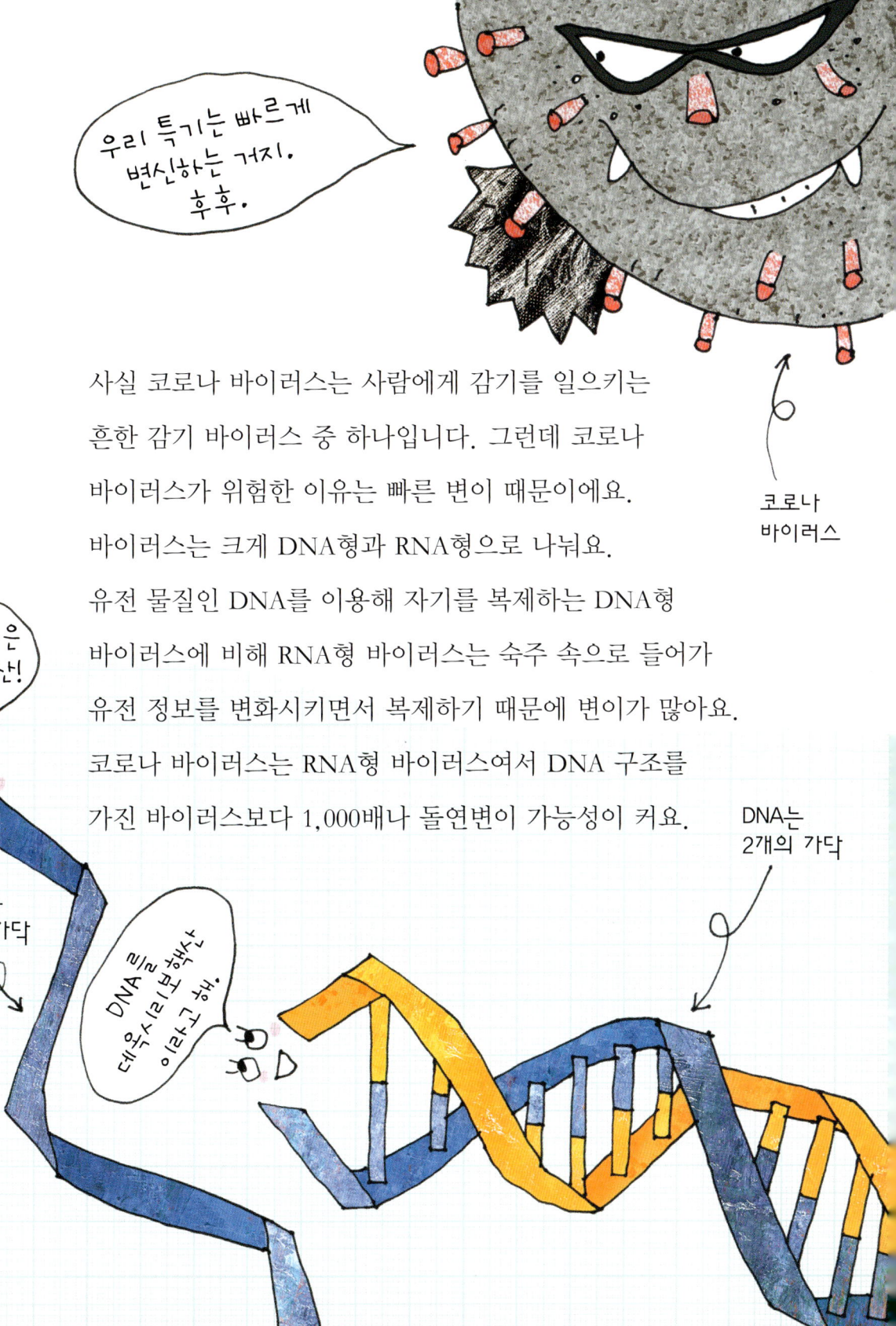

사실 코로나 바이러스는 사람에게 감기를 일으키는 흔한 감기 바이러스 중 하나입니다. 그런데 코로나 바이러스가 위험한 이유는 빠른 변이 때문이에요. 바이러스는 크게 DNA형과 RNA형으로 나눠요. 유전 물질인 DNA를 이용해 자기를 복제하는 DNA형 바이러스에 비해 RNA형 바이러스는 숙주 속으로 들어가 유전 정보를 변화시키면서 복제하기 때문에 변이가 많아요. 코로나 바이러스는 RNA형 바이러스여서 DNA 구조를 가진 바이러스보다 1,000배나 돌연변이 가능성이 커요.

COVID-19와 같은 코로나
바이러스에 감염되면 처음에는
가벼운 감기 증상이 나타나지만,
점차 빠르고 독한 병원체로
변이를 해요.
코로나 바이러스는 동물과
사람 사이를 이동할 수 있는
바이러스이기 때문에 더욱
위험해요.

변이된 코로나 바이러스에 감염되면 면역력이 약한 사람은 목숨을 잃을 수 있어 위험해요. 처음에는 감기나 독감 같은 호흡기 질환처럼 보이지만 점차 심한 폐렴으로 번져 목숨을 잃는 경우도 있습니다.

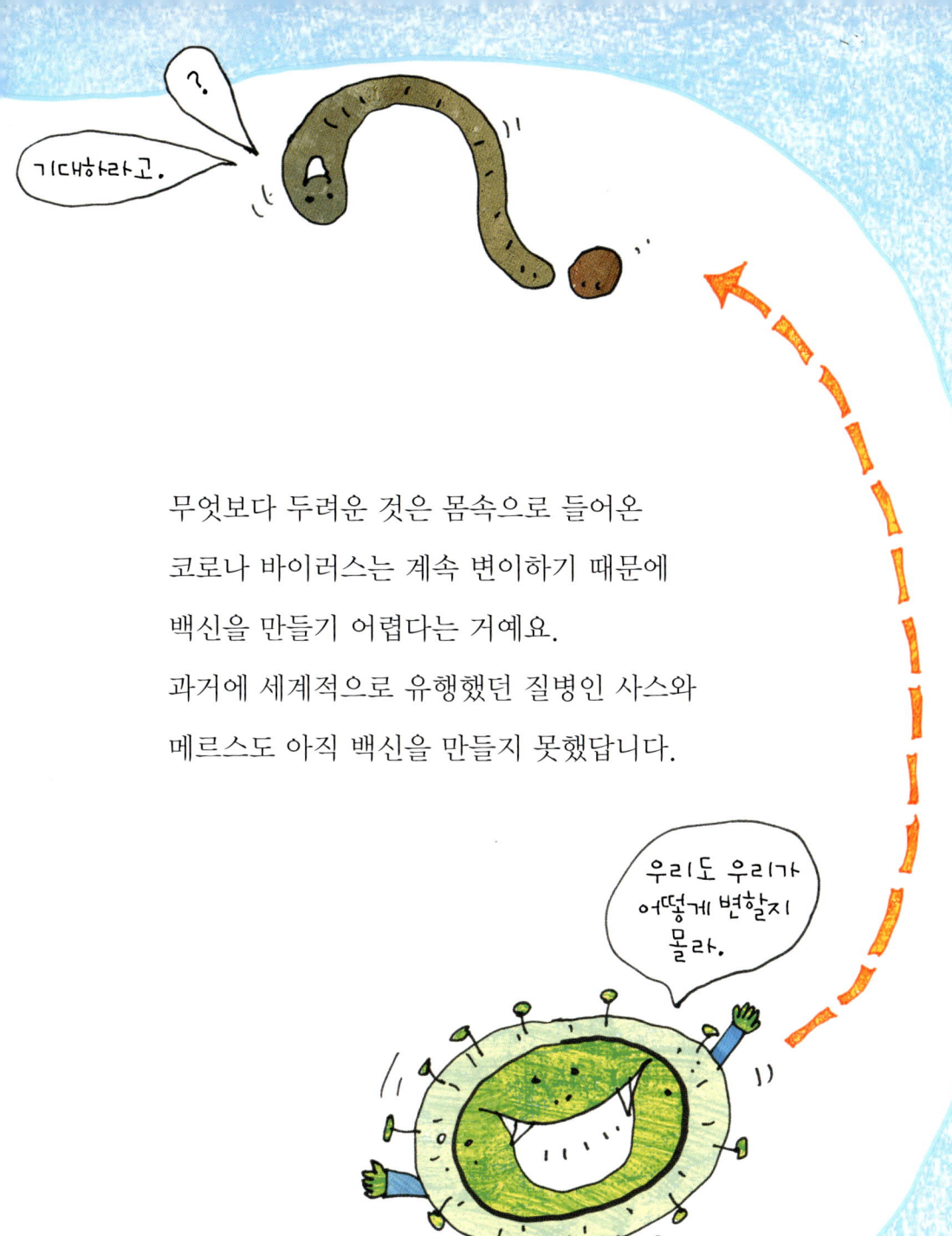

무엇보다 두려운 것은 몸속으로 들어온
코로나 바이러스는 계속 변이하기 때문에
백신을 만들기 어렵다는 거예요.
과거에 세계적으로 유행했던 질병인 사스와
메르스도 아직 백신을 만들지 못했답니다.

반면에 면역력이 강한 사람은 바이러스에 감염돼도
증상을 느끼지 못하는 경우가 있어요.
자신이 바이러스에 감염된 사실을 모르고 생활하다 보면
다른 사람들에게 바이러스를 전파할 수도 있어요.
이처럼 자기도 모르는 사이에
여러 사람에게 바이러스를 퍼뜨리는
'슈퍼 전파 사건'이 벌어질 수도 있으니
사람들이 많이 모이는 곳은 가급적 피해야 해요.

전염병이 유행하면 전염병을 감시하거나 대응하고 관리가 필요한 대상을 정하는데, 이것을 '사례 정의'라고 해요. 조그만 증상이라도 나타나면 사람들과의 특별한 접촉이 없어도 반드시 검사를 받아야 해요.

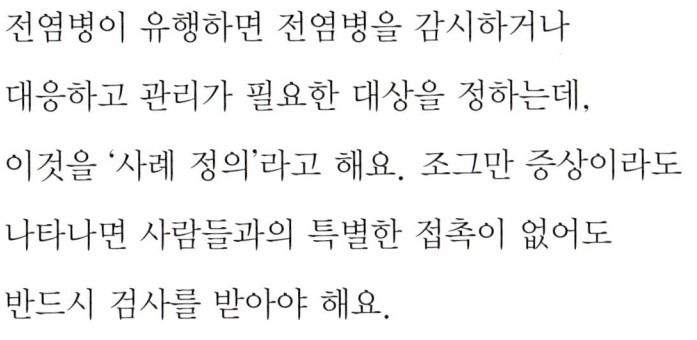

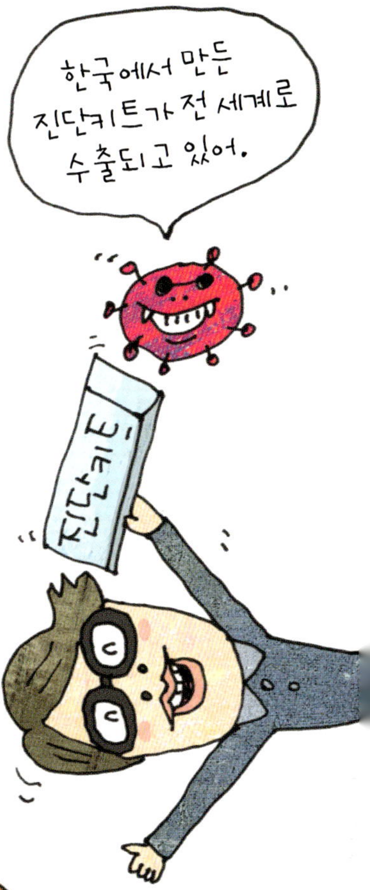

전염병 보균자 판명 과정

1. 열과 기침 등 증상이 있는 사람에게서 바이러스 검출을 검사해요.
2. 진단 키트를 이용해 진단해 의사에게 알리고, 환자를 건강한 사람들로부터 격리시켜요.

COVID-19 감염 여부를 확인하는 방법을 알아볼까요?
이를 '신종 코로나 바이러스 확진 검사'라고 불러요.
검사 대상자의 코와 입 뒤쪽으로 깊숙하게 면봉을 집어넣어
침과 가래를 채취합니다.
이는 코와 입속에 바이러스가 가장 많기 때문이에요.
신종 코로나 바이러스에만 있는 특이한 유전자
2개를 증폭하여 검출하는 방법을 사용하죠.
빠른 시간 내에 결과를 확인할 수 있답니다.

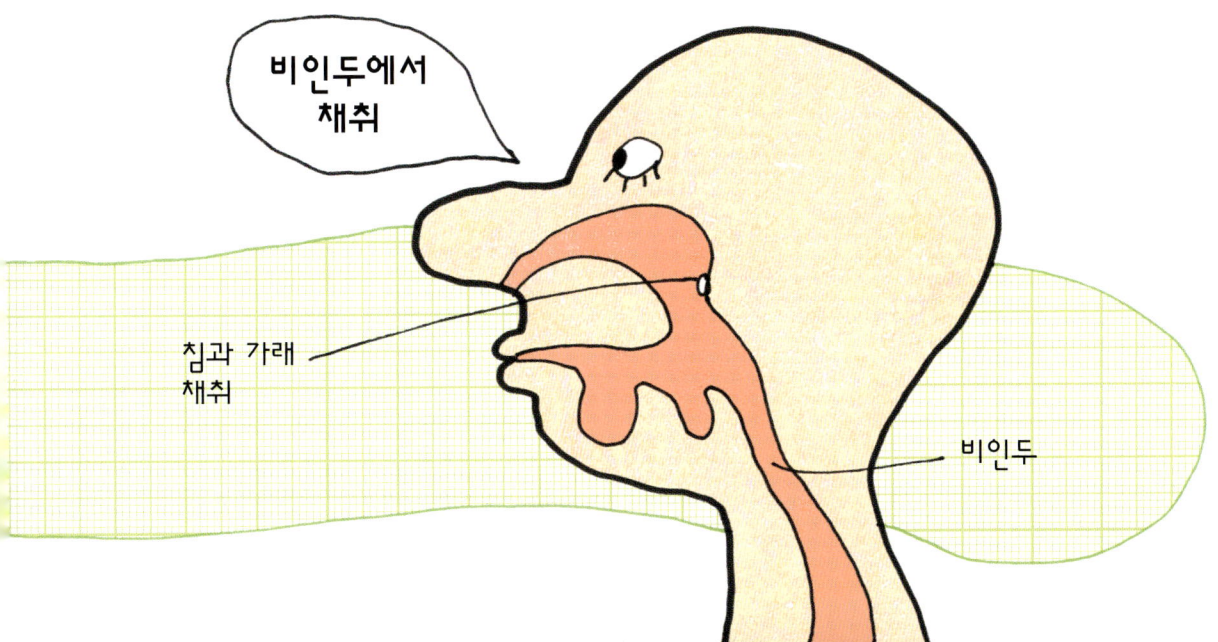

사스 바이러스, 메르스 바이러스보다 더 위험한 COVID-19!
COVID-19는 이전에 나타난 바이러스와는 전혀 다른 성질을
가지고 있어요. 증상이 나타나지 않는 잠복기에도 다른
사람에게 감염시킬 수 있기 때문이에요.
보통의 전염병은 증상이 없는 잠복기에는 전염이 되지 않지만,
홍역이나 인플루엔자는 증상이 시작되기 전에도
전염될 수 있습니다.

백신은 바이러스로 인한 질병을 예방해 줘요. 병원성이 없는 가짜 바이러스를 몸에 넣어 면역을 키우고, 실제 바이러스가 침투했을 때 면역 반응이 나타나 이를 막아 내는 거죠.
백신은 어떤 과정으로 만들어지는지 살펴볼까요?

❶ 바이러스가 몸 안에서 어떻게 작용하는지 알아내요.
❷ 살아 있는 세포에 바이러스를 배양하고 증식시켜 바이러스만 분리해요.
❸ 바이러스의 독성을 없애고 생산해요.
❹ *임상 시험을 해요.

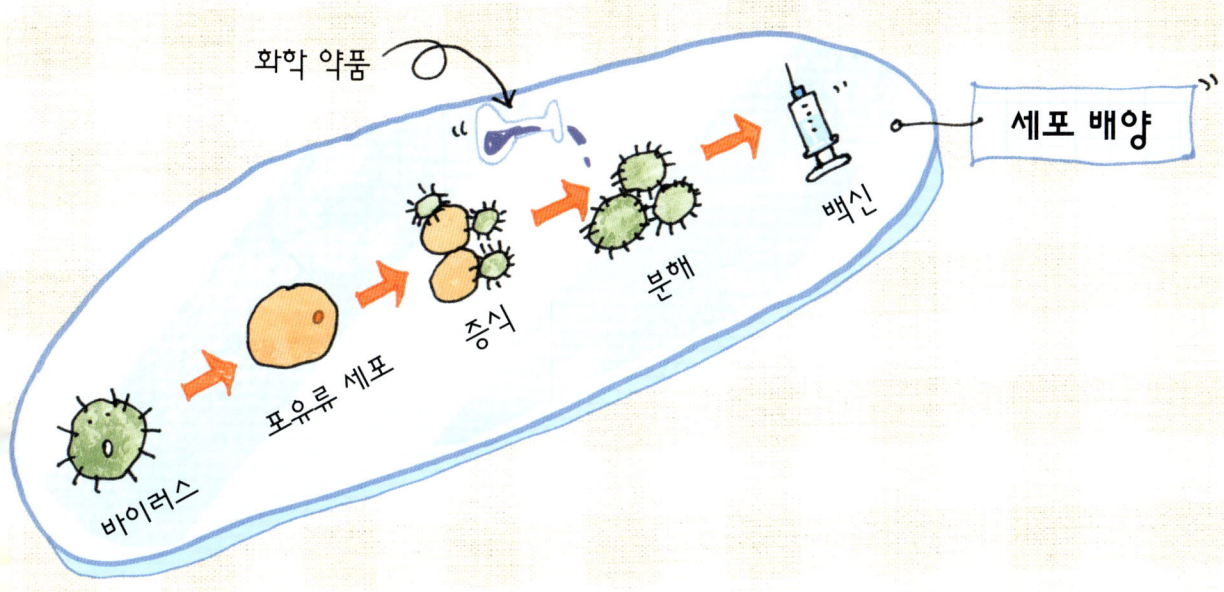

*임상 시험: 약이나 의료 기기의 안전성을 확인하고, 사용 가능 여부 판단을 위해 사람을 대상으로 행하는 연구예요. 백신은 개발하는 시간이 많이 들기 때문에 짧은 시간에 만들기 어려워요.

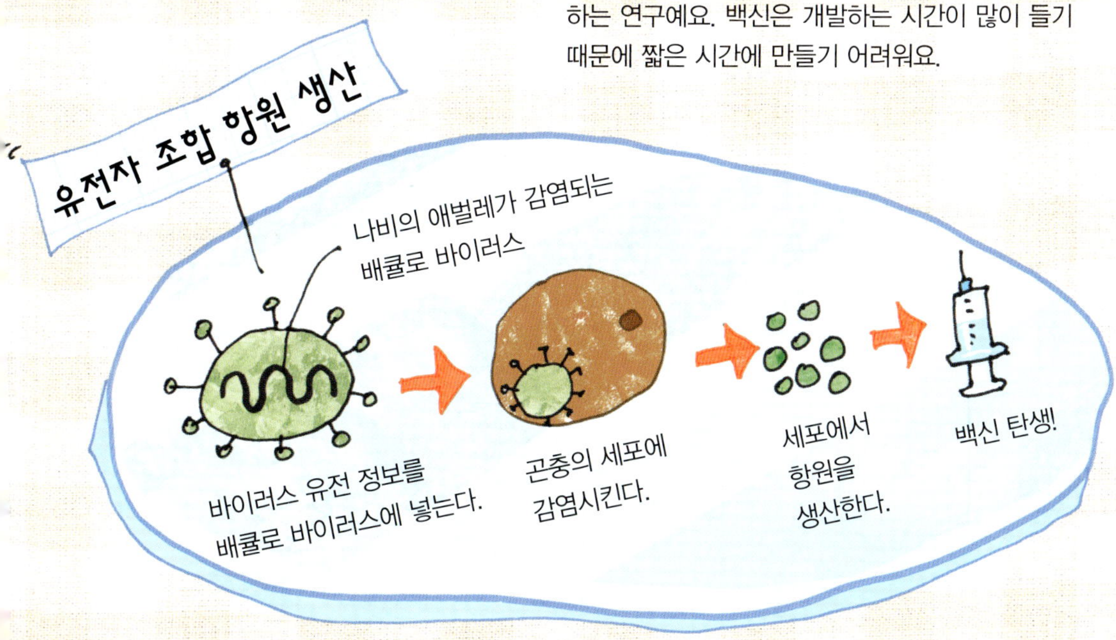

미래에 발생할 가능성이 있는 치명적인 전염병을 '질병X'라고 불러요. 세계 보건 기구 WHO는 인류를 위협할 질병 목록 중 하나로 질병X를 선정했지요. 신종 바이러스와 새로운 전염병의 등장을 알리는 무시무시한 단어입니다.

전염병의 역사를 살펴볼까요? 중세 유럽에서는 페스트(흑사병)가 대유행했는데 쥐의 몸에 있던 벼룩을 통해 인간이 감염됐어요. 당시 유럽 전체 인구의 약 30%가 페스트로 사망했다고 해요.

천연두도 공포의 대상이었죠. 베리올라 메이저, 베리올라 마이너
2종류의 두창 바이러스에 의해 유발되는 감염성 질병이에요.
1918년 제1차 세계 대전 중에 발생한 스페인 독감은
불과 2년 동안 2,500만~5,000만 명의 목숨을 앗아 갔어요.
이는 당시 전쟁에 희생된 사람보다 훨씬 많은 수였지요.

박쥐가 바이러스를 옮기는 범인이라고
추정되기도 하는데, 사실 동물들을
비난할 수는 없어요.
엄밀히 말하면 사람들이 동물의 영역을
침범했기 때문에 발생하는 일이니까요.
바이러스를 옮기는 동물로 알려진
박쥐는 좁은 동굴 속에 모여 살아요.
바이러스가 쉽게 퍼지는 환경에서
40도까지 열이 올라도 박쥐는 높은
열을 견디며 바이러스의 숙주가 됩니다.
그렇게 높은 열을 견디는 바이러스가
살아남게 되죠.

사향고양이
사스

낙타
메르스

아직 밝혀지지 않았음.
COVID-19

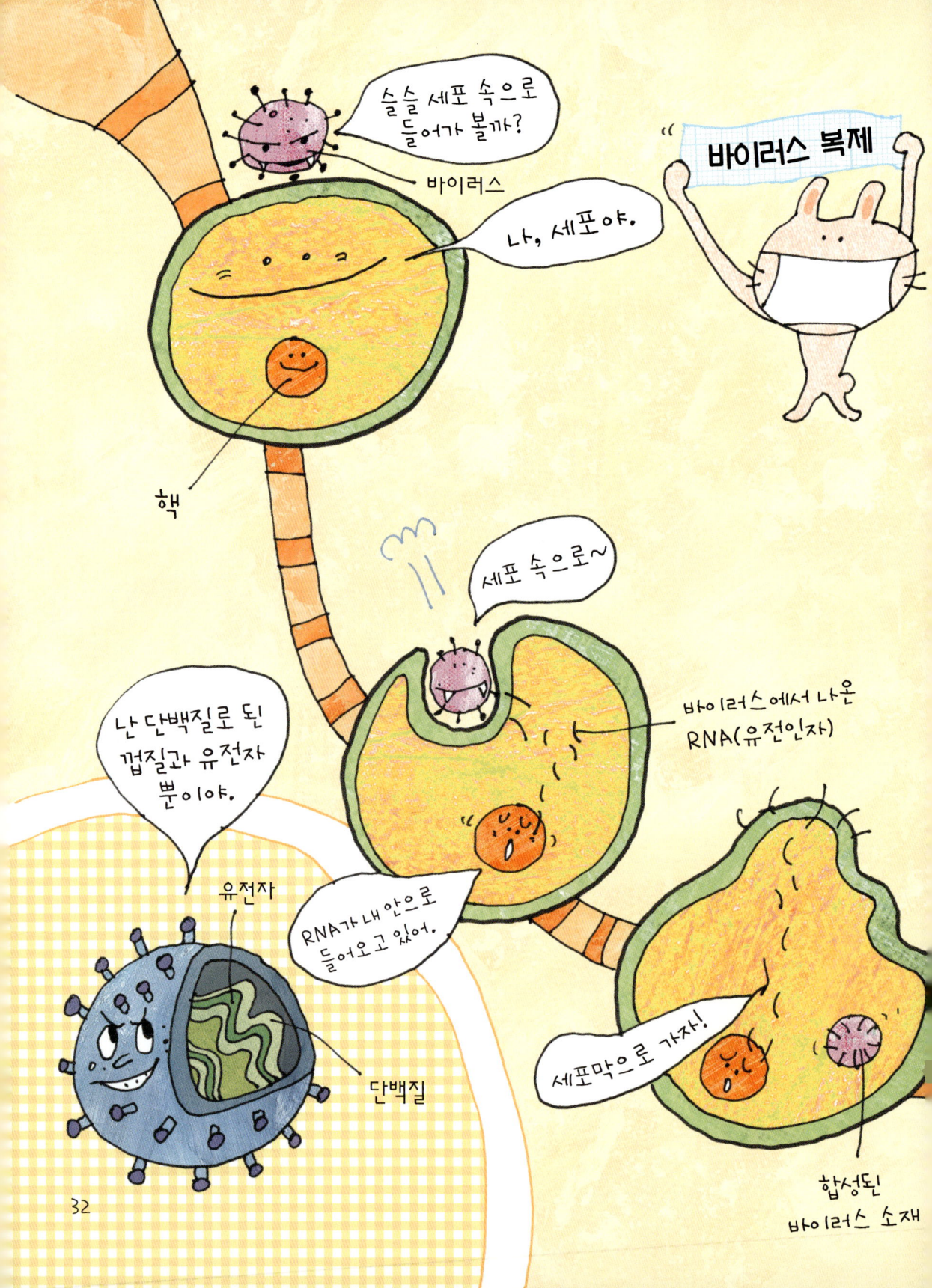

바이러스가 자기 자신을 똑같이 만들어 내는 능력을 복제라고 해요. 코로나 바이러스의 복제 능력은 사스 바이러스보다 3배 이상 뛰어나다고 알려져 있어요. 최근 유행하는 COVID-19의 경우 비교적 감염 속도는 빠르고 증상은 느리게 나타나요.

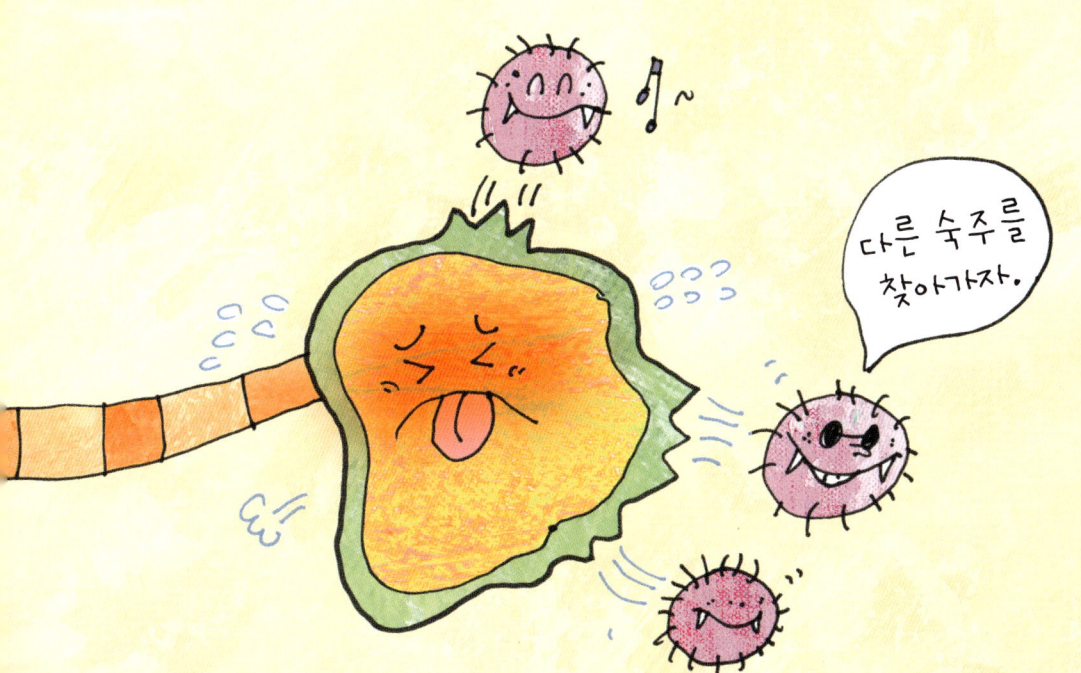

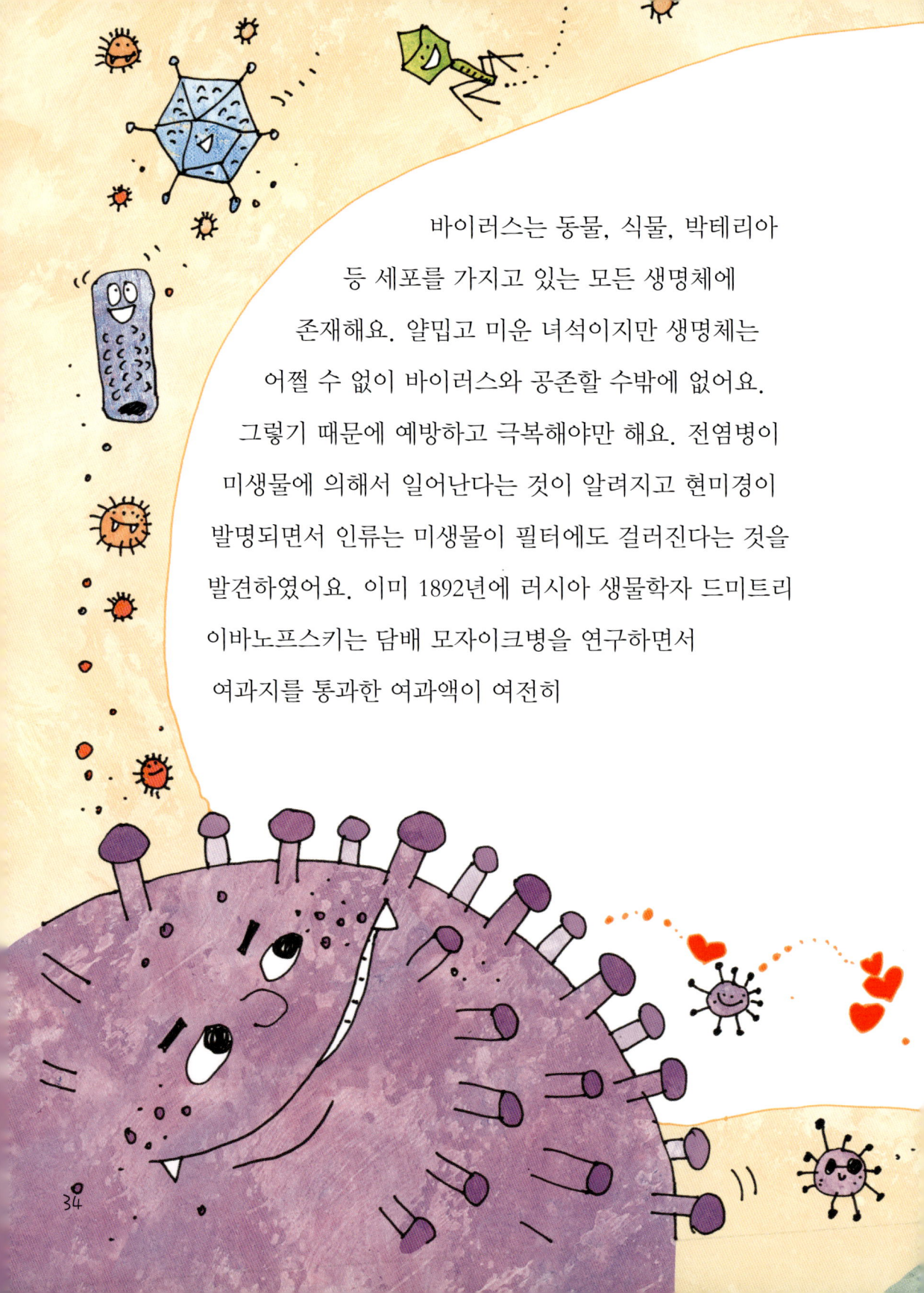

바이러스는 동물, 식물, 박테리아 등 세포를 가지고 있는 모든 생명체에 존재해요. 얄밉고 미운 녀석이지만 생명체는 어쩔 수 없이 바이러스와 공존할 수밖에 없어요. 그렇기 때문에 예방하고 극복해야만 해요. 전염병이 미생물에 의해서 일어난다는 것이 알려지고 현미경이 발명되면서 인류는 미생물이 필터에도 걸러진다는 것을 발견하였어요. 이미 1892년에 러시아 생물학자 드미트리 이바노프스키는 담배 모자이크병을 연구하면서 여과지를 통과한 여과액이 여전히

다른 개체에 담배 모자이크병을 옮긴다는 사실을 알아냈죠. 1897년에 이르러서는 독일 세균학자 프리드리히 뢰퍼와 파울 프로쉬가 구제역의 원인이 바이러스에 있다는 사실도 밝혀냈어요. 인류는 바이러스가 암을 일으킨다는 사실도 알아냈어요. 우리는 앞으로도 계속 바이러스와 싸워 나가야 해요. 도둑 같은 바이러스가 왜 인류를 괴롭힌다고 생각하나요? 깊이 생각해 보세요.

전염병 위기 경보 단계

바이러스로 인해 전염병이 발생하면 정부는 국민의 생명과 안전을 위해 위험도에 따라 단계별 위기 대처 방식을 정해요.

1. 관심 단계
❶ 해외에서 새로운 전염병이 발생하고 전파되었을 때
❷ 국내에서 원인도 모르는 전염병이 발생했을 때 질병관리본부에서 전염병 대책반을 운영해요.

2. 주의 단계
해외에서 신종전염병이 국내로 들어왔을 때 방역 대책을 수립하고 운영해요. 방역과 동시에 감염자에 대한 감시를 철저히 해요.

3. 경계 단계
전염병에 대한 국민의 주의를 격상시키고 행정부에서 지원 본부를 운영해서 국민의 방역과 감시를 강화해요.

4. 심각 단계
전염병이 전국적으로 퍼질 때 정부는 중앙재난안전대책본부를 운영해서 국민의 방역 생활을 이끌도록 해요.

올바른 마스크 사용법

불편해도 꼭 쓰기!

첫 번째!
착용하기 전에는 반드시 손을 씻어요. 흐르는 물에 비누로 꼼꼼하게 비비면서 씻어요. 물로 씻기 어려울 때는 손 소독제를 사용해 손을 세척해요.

두 번째!
마스크 끈을 귀에 걸고, 마스크를 위아래로 벌려 최대한 입을 막아요. 이때 되도록 바깥쪽 면에 손을 대지 않아요.

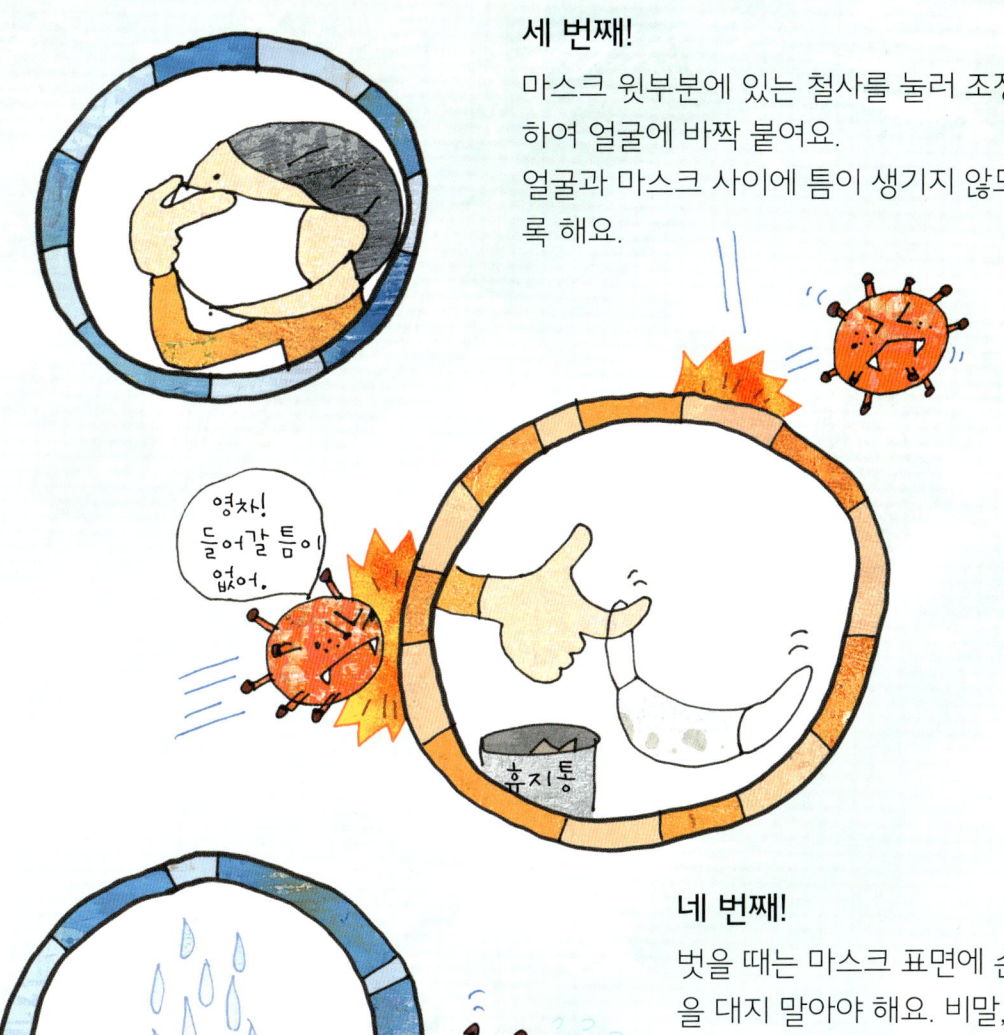

세 번째!
마스크 윗부분에 있는 철사를 눌러 조정하여 얼굴에 바짝 붙여요.
얼굴과 마스크 사이에 틈이 생기지 않도록 해요.

네 번째!
벗을 때는 마스크 표면에 손을 대지 말아야 해요. 비말, 먼지 등이 표면에 묻어 있을 수 있으니까요. 양쪽 귀걸이에 손을 걸고 마스크를 벗어 반으로 접은 뒤, 귀걸이 부분의 끈으로 묶어서 버려요.

다섯 번째!
마스크를 벗은 후에는 손을 깨끗이 씻어요.

행복한 아이
파랑새

미생물투성이 책 전 4권

친구일까? 적일까? 너무 작아 우리 눈에 잘 보이진 않지만, 우리가 사는 모든 곳에 존재하는 미생물의 비밀을 파헤쳐 봐요!

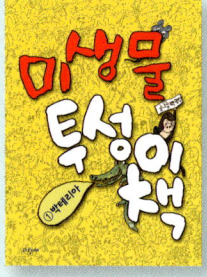 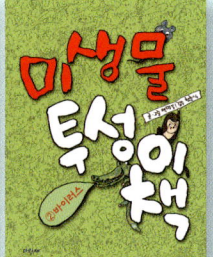 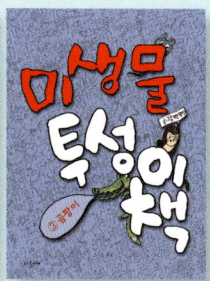 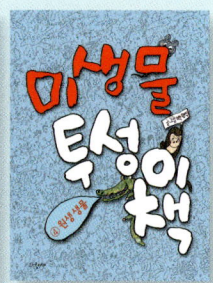

1 박테리아
백명식 글·그림 | 44쪽 | 12,000원

2 바이러스
백명식 글·그림 | 44쪽 | 12,000원

3 곰팡이
백명식 글·그림 | 44쪽 | 12,000원

4 원생 생물
백명식 글·그림 | 44쪽 | 12,000원

냄새 나는 책 전 5권

우리 몸에서 풍기는 구리구리 지독한 냄새들! 냄새에 관한 우리 몸의 비밀을 파헤쳐 봐요!

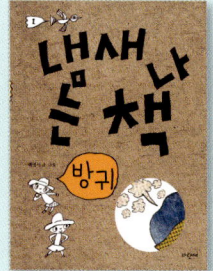 

1 방귀
백명식 글·그림 | 40쪽 | 12,000원
★조선일보 추천 도서
★한우리 추천 도서

2 똥
백명식 글·그림 | 40쪽 | 12,000원
★조선일보 추천 도서

3 땀
백명식 글·그림 | 40쪽 | 12,000원
★조선일보 추천 도서

4 오줌
백명식 글·그림 | 40쪽 | 12,000원
★조선일보 추천 도서

5 트림
백명식 글·그림 | 40쪽 | 12,000원
★조선일보 추천 도서

WHAT? 초등과학편

교과서 단원별 과학적 주제를 동화로 읽으면서
교과학습 능력을 보충하고 심화해 나가며, 과학 지식과 창의력을 키워 줍니다.

1 소화와 감각 기관
이상배 글 | 백명식 그림 | 80쪽 | 9,900원

2 지구와 달
유영진 글 | 백명식 그림 | 80쪽 | 9,900원

3 날씨
신혜순 글 | 백명식 그림 | 84쪽 | 9,900원

4 동물 ★대교솔루니 선정
조선학 글 | 이옥남 그림 | 80쪽 | 9,900원

어메이징 사이언스 전8권

영국 내셔널 커리큘럼을 기초로 만들어진 어린이 과학책. 흥미 위주의 단편적 과학 지식은 NO!
전 세계 어린이 과학에서 다루는 주제를 선별하여 어린이 눈높이에 맞춘 통합적 과학 지식을 제공합니다.

★스쿨 라이브러리엔 북 어워드 베스트 북

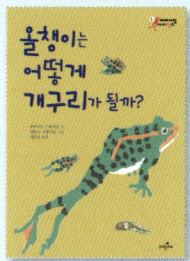 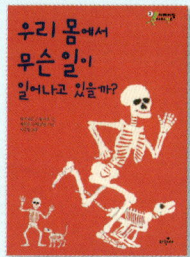  

1 올챙이는 어떻게 개구리가 될까?
데이비드 스튜어트 글 | 캐롤린 프랭클린 그림 | 이응일 옮김 | 32쪽 | 11,000원
★경기도 학교도서관 사서협의회 추천

2 우리 몸에서 무슨 일이 일어나고 있을까?
데이비드 스튜어트 글 | 캐롤린 프랭클린 그림 | 이응일 옮김 | 32쪽 | 11,000원
★경기도 학교도서관 사서협의회 추천

3 달걀은 어떻게 닭이 될까?
타냐 칸트 글 | 캐롤린 프랭클린 그림 | 이지윤 옮김 | 32쪽 | 9,500원
★어린이문화진흥원 선정 좋은 어린이책
★경기도 학교도서관 사서협의회 추천

4 씨앗은 어떻게 해바라기가 될까?
데이비드 스튜어트 글 | 캐롤린 프랭클린 그림 | 안현경 옮김 | 32쪽 | 12,000원
★경기도 학교도서관 사서협의회 추천

5 애벌레는 어떻게 나비가 될까?
타냐 칸트 글 | 캐롤린 프랭클린 그림 | 안현경 옮김 | 32쪽 | 11,000원

6 고래는 어디로 이동할까?
타냐 칸트 글 | 캐롤린 프랭클린 그림 | 이지윤 옮김 | 32쪽 | 11,000원

7 나비는 왜 이동할까?
타냐 칸트 글 | 캐롤린 프랭클린 그림 | 김양미 옮김 | 32쪽 | 11,000원

8 곰은 어떻게 겨울을 날까?
캐롤린 프랭클린 글·그림 | 김양미 옮김 | 32쪽 | 11,000원

WHAT? 초등과학편은 계속 출간됩니다.

5 질병과 건강
임정순 글 | 백명식 그림 | 84쪽 | 9,900원

6 인체
조선학 글 | 백명식 그림 | 80쪽 | 9,900원

7 식물
서지원 글 | 권정선 그림 | 84쪽 | 9,900원

8 자연재해
황근기 글 | 백명식 그림 | 76쪽 | 9,900원

9 우주
김지현 글 | 송효정 그림 | 80쪽 | 9,900원

10 스마트 기기와 3D
강이든 글 | 박재현 그림 | 84쪽 | 9,900원

11 열 ★한국아동문학인협회 선정
김지현 글 | 김설희 그림 | 112쪽 | 9,900원

12 핵과 원자력 ★으뜸책 선정
황근기 글 | 송진아 그림 | 112쪽 | 9,900원

13 빛과 소리
김지현 글 | 박언옥 그림 | 112쪽 | 9,900원

14 물질의 혼합과 산과 염기
황근기 글 | 이혜경 그림 | 112쪽 | 9,900원

15 화석과 지층
황근기 글 | 조이랭 그림 | 112쪽 | 9,900원

16 세포
이승진 글 | 최해영 그림 | 112쪽 | 9,900원

17 유전
장혜미 글 | 박재현 그림 | 112쪽 | 9,900원

18 줄기세포
윤상석 글 | 김다정 그림 | 112쪽 | 9,900원

19 빅데이터
강이든 글 | 이상미 그림 | 112쪽 | 9,900원

20 로봇과 인공지능
강이든 글 | 심보영 그림 | 112쪽 | 9,900원